Bei dem bekannten Autor Leo Richter meldet sich eine renommierte Zeitschrift: Man wolle einen längeren Text über ihn in Auftrag geben, ob ihm das recht sei. Geschmeichelt sagt Richter zu: Beginn einer so fürchterlichen wie amüsanten Leidensgeschichte.

Ergänzt wird sie durch ein Porträt des Autors Daniel Kehlmann, verfaßt von Adam Soboczynski, einem der glänzendsten Kulturjournalisten der jüngeren Generation.

DANIEL KEHLMANN
Leo Richters Porträt

sowie ein Porträt des Autors
von Adam Soboczynski

Mit Illustrationen von Frank Stockton
und Fotos von Heji Shin

Rowohlt Taschenbuch Verlag

Die beiden hier versammelten Texte, zuerst erschienen
2008 im ZEITmagazin, wurden für diese Ausgabe
von den Autoren überarbeitet.

Originalausgabe
Veröffentlicht im Rowohlt Taschenbuch Verlag,
Reinbek bei Hamburg, Dezember 2009
Copyright © 2009 by Rowohlt Verlag GmbH,
Reinbek bei Hamburg
Umschlaggestaltung any.way, Cathrin Günther
(Illustration: F. Stockton)
Satz Documenta PostScript, InDesign
Druck und Bindung CPI – Clausen & Bosse, Leck
Printed in Germany
ISBN 978 3 499 25302 7

Inhalt

Leo Richters Porträt
von Daniel Kehlmann

Ein Magazin wollte ein Porträt über Leo Richter veröffentlichen: acht Seiten, zwei große Fotos, vielleicht sogar sein Bild auf dem Cover. Ohne zu zögern, sagte er zu, und sofort bereute er es.

Leo hatte Angst vor vielen Dingen: vor Terroranschlägen, großen Hunden, Betrunkenen auf der Straße und davor, ein Flugzeug zu versäumen. Er hatte Angst vor Impfungen, dem Elften und Dreizehnten jedes Monats, vor vergiftetem Essen, Fahrten auf der Autobahn, vor seiner Mutter, einem Schlaganfall und Varietékünstlern, die Leute aus dem Publikum auf die Bühne holten; er hatte Angst vor dem Dasein, das nach dem Tod kommen mochte, vor weltweiten Epidemien und dem Literaturkritiker Pavel Malzacher. Und seit der ersten Begegnung mit Guido Rabenwall hatte er Angst vor dem Porträt, das dieser schreiben würde.

Schon als er in das Kaffeehaus hereinkam – über zwei Meter groß, um die Siebzig und mit buschig grauem Bart –, wußte Leo, daß er es war, daß nur er es sein konnte. Und noch während er auf seinen Tisch zusteuerte, überfiel Rabenwall der fürchterlichste Hustenanfall, den Leo je miterlebt hatte: Er blieb stehen, beugte sich vornüber, stützte eine Hand auf die Stuhllehne, krümmte sich und hustete, als wollte er nie mehr aufhören; es klang ernst, groß und medizinisch, und es war so laut, daß die Gespräche ringsum verstummten, Köpfe sich drehten und die Kellnerin mit hochgezogenen Brauen stehenblieb. Dann verstummte er, setzte sich, streckte Leo die Hand hin und sagte mit tiefer Stimme: «Rabenwall!» Leo brauchte eine Sekunde, um zu begreifen, daß er sich vorgestellt hatte.

«Die Namen von Ihren Freunden hätte ich gern. Zehn oder zwölf reichen. Mit Adresse und Telefonnummer und kurzer Angabe, woher Sie sich kennen und wie nahe Sie sich stehen. Mit Ihrer Frau muß ich natürlich sprechen, falls Sie eine haben in Ihrem Leben, aber ich denke, da wird es wohl eine geben, ja? Kinder haben Sie nicht, ich weiß, keine offiziellen jedenfalls, aber Sie haben Familie: Eltern, Tanten, Onkel, Cousins, Cousinen, was immer, wer immer.» Rabenwall starrte einen Moment in die Luft, schief über Leos Kopf hinweg, mit halbgeschlossenen Augen. Dann rief er: «Schulkollegen!»

«Bitte?»

«Mitschüler, alte Lehrer! Das ist immer ergiebig. Sie, lieber Herr, werde ich natürlich auch befragen, aber da will ich mich zurückhalten, Sie haben viel zu tun, Sie müssen arbeiten, sind ja ein großer Künstler, nicht?»

Er sah Leo unverwandt an, die Zähne leicht gebleckt, und es war nicht zu erkennen, ob er sich über ihn lustig machte.

Am Abend konnte Leo sich nicht einmal auf den Fernseher konzentrieren, so nervös war er. Schulkollegen ...! Hans Merfing fiel ihm ein, der hinter ihm gesessen und ihm regelmäßig Kaugummis auf den Hinterkopf geklebt hatte, auch Lisa Martin, der er mit dreizehn Geld für einen Kuß hatte geben wollen, weil Rolf, Erwin und Dieter ihm erzählt hatten, daß das bei ihr funktionierte, aber natürlich war es ein Scherz gewesen, und noch Monate später hatte die ganze Klasse über ihn gelacht. Nicht einmal jetzt konnte er daran denken, ohne daß die Scham heiß zurückkehrte.

Das Telefon läutete, er hob ab, von der anderen Seite der Leitung kam ein tiefes Knarrgeräusch. Keine technische Störung, sondern Husten.

«Es ist halb elf!» rief Leo.

«Ich habe Sie doch nicht geweckt», keuchte Rabenwall. «Sie gehen ja nie vor zwölf schlafen. Mir ist folgendes aufgefallen. Vor neun Jahren hat –»

«Woher wissen Sie, wann ich schlafen gehe?»

«Stimmt es nicht?»

«Woher –»

«Vor neun Jahren. Die Abendnachrichten hatten Sie für eine Reisereportage engagiert. Sie sind dann nach

Griechenland und offenbar in ein gutes Hotel. Schöne Insel, sauberes Wasser, alles erster Klasse.»

Leo schwieg.

«Aber dann ist kein Text erschienen. Und der Redakteur…» Leo hörte ihn durch Seiten blättern. «Er arbeitet dort nicht mehr, aber er erinnert sich gut und sagt, Sie haben nie geliefert.»

«Ich hatte Wichtigeres zu tun! Ich habe ein Buch fertig geschrieben.»

«Haben Sie je etwas zurückgezahlt? Hotel, Flugkosten für beide?»

«Wie bitte?»

«Sie waren nicht allein dort.»

«Was?»

«Die Frau bei Ihnen.» Rabenwall hustete kurz. «Für die hat die Zeitung auch bezahlt. Zwei Flüge, ein Doppelzimmer!»

Leo schwieg.

«Sie haben dort an Ihrem zweiten Buch gearbeitet, *Herr Müller und die Ewigkeit*. Sie wissen, daß viele das für Ihr bestes halten, andere für das einzig gute. Nichts für ungut, ist nun mal so.»

Leo räusperte sich. Vielleicht war Rabenwalls Husten ansteckend, vielleicht hatte es andere Gründe: Sein Hals tat plötzlich weh.

«Jedenfalls unterscheidet es sich von den anderen

so sehr, daß man gar nicht umhinkann zu fragen, was war denn da los? Ihre Frau hat sich ja drei Monate später scheiden lassen. Leider weigert sie sich derzeit noch, mit mir zu reden, aber ...»

«Es ist spät, können wir –?»

«... zur Zeit der Griechenlandreise hat sie einen Vortrag bei einem Ärztekongreß in Cleveland gehalten, sie war also nicht bei Ihnen, das steht fest.»

«Sie werden verstehen», sagte Leo heiser, «daß ich darüber nicht reden kann. Nicht reden möchte. Und nicht reden werde! Gute Nacht.» Er legte auf, zog den Stecker aus der Wand und schaltete zur Sicherheit auch das Mobiltelefon ab.

Lange konnte er nicht einschlafen. Er sah sich im Klassenzimmer sitzen und spürte wieder den klebrigen Druck des Kaugummis, das ihm jemand auf den Nacken klebte, aber als er herumfuhr, sah er nicht Hans Merfing, sondern Maria, die damals mit ihm auf der Insel gewesen war; sie lächelte, und ihre Haare waren feucht und wirr. Wie heiß es da gewesen war, die Luft vollgesogen mit Helligkeit, und wenn sie nicht im Bett gelegen hatten, hatte er gearbeitet, nie zuvor war es ihm so leichtgefallen.

Aber wie oft er auch beschworen hatte, daß es immer so sein könne – jedesmal hatte sie geantwortet, daß sie ihren Mann nicht verlassen werde, weder seinetwegen noch für einen anderen, daß keiner von ihnen wissen dürfe und daß sie sich nach dieser Reise nie mehr sehen könnten.

Sie hatten sich dann doch noch zweimal getroffen, an frühen Nachmittagen in merkwürdig ähnlichen Hotelzimmern, in denen einer sinnlosen Albernheit des Schicksals wegen die gleiche, nur der Verzierung dienende Wanduhr mit Pendel tickte, und beim zweiten Mal hatte sie ihn überraschend gefragt, was denn wäre, wenn sie bei ihm bliebe. Er wußte bis heute nicht, ob sie ihn bloß hatte prüfen wollen oder ob es ihr ernst gewesen war; aber plötzlich war er erschrocken und hatte gestottert, und sie hatte ihn lange angesehen, mit einer Miene, halb verächtlich und halb neugierig, die er nicht mehr vergessen würde. Danach hatte sie seine Anrufe nicht mehr erwidert.

Am nächsten Abend war wieder Rabenwall am Telefon. Die Insel erwähnte er nicht mehr, diesmal ging es um Leos Eltern und deren Leben, um Leos Vater, der heute in einem Pflegeheim vor sich hin siechte. Wieder antwortete Leo einsilbig, wieder legte er auf, bevor Rabenwall die letzte Frage gestellt hatte, wieder konnte er danach nur mit einer starken Schlaftablette zur Ruhe kommen.

So vergingen zwei, fünf, sechs und sieben Tage, und allmählich wurde es zur Gewohnheit. Das Telefon läutete gegen elf, Rabenwall hustete und stellte Fragen, Leo murmelte etwas, und danach saß er aufrecht im Bett und schaltete zwischen den Spätprogrammen verschiedener Sender hin und her: Quizshows, Serienwiederholungen, Wettbewerbe in arkanen Sportarten und züchtig sanfte Pornographie. Wieso hob er doch jedesmal ab?

Erst bei ihrem Gespräch in der achten Nacht, während auf dem Bildschirm ein Polizist einen anderen Polizisten erschoß, wurde ihm klar, daß er diesen fremden Menschen von etwas zu überzeugen versuchte: davon, daß sein Dasein ein Muster hatte, sein Leben nicht verfehlt war. Verblüfft ließ er den Hörer sinken. Konnte es sein, daß seine Angst nicht so sehr der Sorge entsprang, Rabenwall könnte seine Geheimnisse entdecken, als der, daß er nicht genug Geheimnisse hatte?

«Was ist mit Kunst und Verwandlung?» fragte er. «Mit dem Spiel des Erfindens? Ist das nicht alles, worauf es ankommt?»

«Das alte Lied», sagte Rabenwall sanft. «Proust gegen Sainte-Beuve, die Bücher das Produkt eines anderen Ich. Unsinn, Herr Richter.»

«Aber –»

«Die Bücher sind Sie. Die Kunst sind Sie. Das Fundament. Der Rest ist schönes Geflitter. Wollen Sie mir wirklich nichts über Ihre Ehescheidung sagen?»

Am nächsten Mittag schrieb Leo hastig – die Zeit drängte, in drei Stunden hatte er einen Vortrag in der städtischen Bibliothek – an den Chefredakteur des Magazins. Er habe es sich anders überlegt, ihm sei es lieber, das Porträt werde nicht verfaßt. Seine Zeit lasse es nicht zu, und überhaupt sei es mit seiner Auffassung vom Künstlerdasein nicht vereinbar, die eigene Person in die Öffentlichkeit zu rücken. Er wolle ein zurückgezogenes Leben führen, werde für weitere Recherchen nicht zur Verfügung stehen. Wie Proust es so schön formuliert habe, seien Bücher das Produkt eines anderen Ich, bitte keine Diskussion, dies sei endgültig!

Schon Minuten später war die Antwort da. Er verstehe gut, schrieb der Chefredakteur, eine solche Entscheidung nötige ihm Wertschätzung ab. Jedoch habe sein Mitarbeiter Rabenwall bereits so viel Arbeit in das Vorhaben investiert, für das ja auch in der nächsten Ausgabe schon Platz reserviert sei, der so kurzfristig gar nicht anders gefüllt werden könne, daß es am vernünftigsten scheine, die Arbeit nun zu Ende zu bringen. Es habe ja bereits mehrere Gespräche zwischen ihnen beiden gegeben, so daß alles Wesentliche wohl mittlerweile geklärt sei. Er freue sich also auf das Porträt, und das um so mehr, als es wohl für lange Zeit das letzte sein werde und somit prägend für das Bild Leo Richters in den Augen der lesenden Öffentlichkeit.

Leo starrte auf den Bildschirm. Er tappte in die Küche, schaltete die Espressomaschine ein und ging zurück ins Arbeitszimmer, während er die Kaffeetasse mit beiden Händen so fest hielt, als wollte sie ihm jemand wegnehmen. Inzwischen war eine weitere Mail eingetroffen.

Sein Chef, schrieb Rabenwall, habe ihm gerade eben mitgeteilt, daß es weitere Gespräche nicht geben werde, darum hier die Liste offener Fragen, Leo möge in knappsten Worten antworten, das Porträt sei praktisch fertig, man werde ihm also keine weitere Zeit stehlen müssen.

Leo trat ans Fenster und sah eine Weile hinaus. Es regnete. Das half ihm auch nicht. Die Tropfen schienen im Zerplatzen Augen und schiefe Gesichter zu bilden. Er setzte sich und öffnete das Dokument. Die Fragenliste war neun Seiten lang und enthielt siebenundachtzig Punkte.

1) Was bedeutet der Tod für Sie? Ihr eigener, aber auch ...
2) ... der naher Menschen?
3) Entschuldigen Sie die Banalität der Frage, glauben Sie an Gott?
4) *Omnia vulnerant, ultima necat,* steht auf alten Sonnenuhren, jede verwundet, die letzte tötet,

die Lösung des Rätsels ist *Stunde.* Ist das auch Ihr Seinsgefühl?

5) Lachen Sie viel? Die meisten sagen sofort ja, aber normalerweise ist es eine Lüge. Warum sollte man viel lachen! Wie ist das bei Ihnen?

Leo stand auf, ging wieder in die Küche, goß sich ein Glas Wodka ein und kehrte langsam zum Schreibtisch zurück.

8) Ihre Mutter. Mir scheint, daß die Ehe mit Ihrem Stiefvater lange vor der Trennung schon zerrüttet war; jedenfalls ließ Ihr Vater das im Gespräch durchblicken. Wenn Sie als Kind Streitigkeiten mitbekommen haben, so kann es doch gar nicht ausgeblieben sein, daß Sie sich verantwortlich gefühlt haben. Bitte um Kommentar.

9) Und ebendas muß ein Zwiespalt gewesen sein. Kein Kind hat ein unbelastetes Verhältnis zum Stiefvater. Man phantasiert doch, daß die Mutter wieder mit dem leiblichen Vater zusammenkommt. Ihrem Vater, der mir allerdings …

10) … sagte, daß er nie eines Ihrer Bücher gelesen habe. Kommentar?

…

15) Sind Sie ein guter Autofahrer?

16) Skifahrer?

17) Rollschuh? Sie scheinen mir jemand, der als Kind nie Rollschuh gefahren ist. Richtig, falsch?

…

23) Mögen Sie Bäume?

24) Ich weiß, daß jedermann wissen will, warum Sie immer nur Geschichten geschrieben haben, nie einen Roman. Die Frage muß Ihnen lästig sein. Ich kenne Ihre Antworten aus den Interviews: ästhetische Überlegenheit der kleinen Form, höherer Verdichtungsgrad etc. Ist schon in Ordnung. Aber wenn einer argwöhnte, daß der eigentliche Grund bloß Faulheit sei und eine Art innere Unordnung, was würden Sie erwidern?

…

30) Lieber klug oder lieber glücklich?

…

35) Aus Ihren Büchern scheint sich mir das Gefühl zu vermitteln, daß Sie sich unwohl dabei fühlen, den menschlichen Körper zu beschreiben. Wahre Zärtlichkeit bringen Sie Tieren entgegen; Katzen etwa, auch dem Hamster, der in *Herr Müller* auf den Seiten 123, 156, 177, 218 auftaucht. Stimmen Sie zu? Wenn ja, sagt das etwas über Sie, oder sagt es – auch möglich – vielmehr gar nichts?

36) Die Schauspielerin Katharina Messner, die vor
zwei Jahren intim mit Ihnen war, beschreibt Sie als
geistesabwesend, übernervös und egozentrisch in
jeder Hinsicht. Kommentar?

37) Frau Messner erinnert sich außerdem, daß Sie sich
vor mehreren eigentlich sehr normalen Dingen
ekeln, darunter, und das scheint mir bemerkens-
wert –

Leo drückte auf den Hauptschalter, der Bildschirm
blitzte auf, der Computer ging aus. Eine Weile schritt
er im Zimmer auf und ab. Mit der rechten Hand strich er
über die Finger seiner linken, als wollte er sie zählen. Er
öffnete das Fenster und spürte, wie der Regen ihm ins
Gesicht wehte. Er sah auf die Uhr: Er mußte los, in der
Bibliothek warteten sie schon.

Mit wem, fragte er sich in der U-Bahn, würde Rabenwall noch sprechen, was würden sie alles über ihn
sagen? Die Methode hatte einen fundamentalen Fehler:
Keiner redete doch nett über einen anderen, niemand
auf Erden lobte irgendwen; wann hatte er, Leo, zum
letzten Mal Gutes über jemanden gesagt, es mußte
Monate hersein, und dabei war er allenfalls von mittel-
mäßiger Boshaftigkeit, war beinahe ein guter Mensch.
Zumindest gab es viel schlimmere.

Jemand tippte ihm auf die Schulter, er fuhr herum.

Hinter ihm stand ein dicker Mann mit Stoppelbart, der ihn unverwandt ansah.

«Es läutet!»

Leo blickte woandershin.

«Es läutet», wiederholte der Dicke.

Immer Betrunkene, dachte Leo, immer die Verrückten und Beleidigten, immer in der U-Bahn, und immer wollten sie ausgerechnet etwas von ihm! Er stand starr und schwieg. «Ihr Telefon», sagte der Dicke. Leo nickte, denn jetzt hörte er es auch, holte das Gerät aus der Tasche und drückte den Abhebeknopf.

«Du klingst furchtbar», sagte Karin lachend. «Lampenfieber?»

«Ein bißchen.» Was für eine schöne Stimme sie hatte. Karin war jung, klug und von einer eigentümlich hellen Schönheit; er hatte sie vor einem halben Jahr in einem Seminar kennengelernt, das er an der Universität gehalten hatte – im Grunde hatte er nur zugesagt, weil er gehofft hatte, dort Studentinnen kennenzulernen –, danach war sie ohne Zögern mit ihm heimgegangen, und manchmal war ihm, als gäbe es vielleicht eine Zukunft mit ihr. Auch jetzt beruhigte es ihn, sie zu hören. Warum bloß hatte er sie nicht angerufen in der letzten Woche?

«Ach komm. Das ist das vierundzwanzigste Mal, daß du diesen Vortrag hältst, du kannst ihn sicher schon auswendig!»

«Wieso weißt du das?» Leo hatte nicht mitgezählt.

«Rabenwall hat das gesagt.»

«Er ... war bei dir?»

«*Nihilismus und Technik*, diesen Vortrag hast du schon vierundzwanzigmal gehalten. Das hat er nachgezählt. Er hat mich gefragt, wann du mal etwas Neues machen wirst. Konnte ich ihm auch nicht sagen. Wann machst du etwas Neues?»

«Du hast mit ihm geredet, ohne –»

«Es ist unglaublich, wieviel er über dich weiß! Ich habe ihm erzählt, wie wir uns begegnet sind, als –»

«Schlechter Empfang!» rief Leo. «Ich bin im Zug.»

«Ich höre dich gut. Also, ich habe ihm gesagt –»

Leo schaltete das Telefon ab.

Noch eine Stunde später, vor dem spärlich gefüllten Vortragssaal der städtischen Bücherei, fiel es ihm schwer, sich zu konzentrieren. Er blinzelte ins Publikum, aber seine Augen stellten das Bild nicht scharf; und immer wieder mußte er unterbrechen, weil jemand in der letzten Reihe so laut hustete. Er sah, daß die Leute sich beunruhigt umdrehten, aber ihn störte es nicht, er war inzwischen beinahe daran gewöhnt.

Danach saß er wie immer an einem zu kleinen Tisch, und es kamen die üblichen Leute und wollten Widmungen, oder sie fragten, ob er morgens oder abends arbeite, woher seine Ideen kämen und warum er noch nie einen

Roman geschrieben habe. Leo antwortete so knapp wie möglich, sagte etwas von der ästhetischen Überlegenheit der kleinen Form und dem durch sie möglichen höheren Verdichtungsgrad, aber seine Zunge fühlte sich schwer an, und ihm war, als stünde er hinter sich und sähe über die eigene Schulter.

«Könnten Sie schreiben: ‹Für meine Tante Claudia›?» Ein Mann hielt ihm *Herr Müller und die Ewigkeit* hin.

«Sie meinen Ihre Tante?»

Der Mann nickte.

«Dann kann ich doch nicht schreiben: ‹Für meine Tante›!»

«Aber sie *ist* meine Tante! Sie heißt Claudia.»

Leo öffnete den Mund, schloß ihn wieder und schrieb «Für meine Tante Claudia» auf die erste Seite. Aus dem Augenwinkel sah er Rabenwall an der Wand lehnen. Noch drei Wartende, noch zwei, und wie stets hatte der letzte ein Manuskript dabei und erzählte ihm weitschweifig etwas, das keinen Sinn ergab. Etwa zehn Minuten lang nickte Leo, ohne zuzuhören, bis der Mann endlich abließ und seiner Wege ging.

Rabenwall stand noch immer dort. Leo sprang auf und trat zu ihm.

«Haben Sie getrunken?» fragte Rabenwall. «Paßt gar nicht zu Ihnen. Kommt das jetzt öfter vor?»

«Was mache ich falsch?» fragte Leo. Rabenwall zog

die Brauen hoch. «Was stimmt nicht?» hörte sich Leo fragen. Der Raum drehte sich langsam um ihn; teils um sich festzuhalten, teils um ihn am Weggehen zu hindern, griff er nach Rabenwalls Oberarm. «Was kann ich tun?»

Rabenwalls Brauen wanderten höher in seine Stirn, er wollte zurückweichen, aber Leo hielt ihn fest. «Ich glaube nicht, daß ich das Recht habe, Ihnen –»

«Sie wissen doch jetzt alles. Sie wissen mehr als irgend jemand. Was habe ich falsch gemacht?»

Rabenwall blickte forschend auf ihn herab. Seine Augenbrauen sanken auf die normale Höhe. «Nun, ich könnte allenfalls bemerken, daß Sie –»

«Herr Richter, vielen Dank! Das war wunderbar.»

Leo ließ Rabenwall los. Neben ihm standen zwei Damen vom Büchereiverband. Die eine hielt ihm einen knolligen Blumenstrauß hin.

«Sehen Sie», sagte Rabenwall.

«Was denn?» fragte Leo. «Wieso?»

«Eben», sagte Rabenwall mit dünnem Lächeln und wich zurück, Leo wollte ihm nach, aber die beiden Frauen verstellten ihm den Weg, und er mußte erst Antwort auf die Fragen geben, ob er vorhabe, auch einmal etwas Längeres zu schreiben, und ob er tagsüber arbeite oder nachts. Sie nickten, bedankten sich, ließen ihn ziehen, und Rabenwall war nicht mehr zu sehen.

Der Fußboden schlingerte, die Blumen in Leos Händen dufteten süßlich.

Auf der Heimfahrt überlegte er, ob er daraus eine Geschichte machen könnte. So hatte er es schließlich immer gehalten: Um mit den Dingen fertig zu werden, hatte er sie erfunden. Er lehnte den Kopf an die Fensterscheibe und starrte in die vorbeifliegende Dunkelheit. Am anderen Ende des Waggons stand ein dicker Mann und sah herüber. Leo war sich ziemlich sicher, daß es derselbe war wie vorhin; als wäre das hier ein Film mit geringem Budget oder als gingen seinem Erfinder schon die Ideen und das Interesse aus. Eine Geschichte darüber, wie es war, wenn einer ein Porträt über einen verfaßte … Aber nein, Unsinn, darüber konnte er doch nicht schreiben, es lag zu nahe, bot keine Möglichkeit zur Umschöpfung, und außerdem: Wer würde so etwas schon drucken, wer würde es lesen wollen!

Daheim, jetzt schon halb nüchtern, öffnete er noch einmal die Fragenliste. Gegen Ende wurde sie immer wunderlicher: Es schien, als hätte Rabenwalls Neugier sich zuletzt auf sich selbst gerichtet, als wäre sie in eine Schleife geraten.

82) Als wir uns gegenübersaßen, dort im Kaffeehaus, warum mißfiel Ihnen die Lage?

83) Weshalb haben Sie bis hierher gelesen?

84) Finden Sie mich sympathisch? Wenn ja, warum, wenn nein, warum eigentlich nicht?

85) Interessieren Sie sich auch für mich? Mein Leben war so uninteressant nicht, würde es Sie stören, hypothetisch gefragt, wenn ich Ihnen davon erzählte?

86) Halten Sie es auch manchmal für möglich, daß Sie selbst ein Platzhalter sind, ganz wie jene Platzhalter, die Sie sich aus der Not schaffen, um es dann Kunst zu nennen?

87) Ist Kunst immer eine solche Platzhalterschaft, oder gibt es auch eine substantiell andere?

Verwirrt ging Leo zu Bett. Auf dem Anrufbeantworter war eine Nachricht von Karin, aber er rief nicht zurück, er war noch zu wütend. Wie hatte sie mit Rabenwall sprechen können, ohne ihn vorher zu fragen? Wie von selbst strich er mit der Hand über seinen Nacken. Doch da klebte kein Kaugummi, da würde nie wieder Kaugummi sein. Wenigstens das hatte er erreicht.

Fast schon im Schlaf kam ihm eine Erkenntnis, verschwommen bloß und halb schon geträumt. Dann wurde er für ein paar Sekunden wach, und was ihm eben noch wie die Auflösung aller Fragen vorgekommen war, sah jetzt aus wie Traumgewirr ohne Bedeutung. Er sank wieder hinab, und eine Frau, deren Gesicht er im Schatten nicht sehen konnte, hielt ihm ein Buch hin und bat: «Schreiben Sie: ‹Für Leo Richter›!» Aber noch während er gehorsam danach griff, dachte er, daß dies nun endgültig zu viel Spiegelung war: Schreiben, ja, aber nicht über mich und keine Porträts, die davon handeln, wie ich schreibe, und schon gar nicht Geschichten, in denen ich Porträts erfinde, die von mir handeln, und für einen langen Moment fühlte Leo sich jenem Wesen nahe, das ihn und Rabenwall und viele andere zu Zwecken, die er nicht kannte, geschaffen hatte; dann wieder, im Auf und Ab des Einschlafens und wohl auch wegen eines draußen aufheulenden Motors, kam er erneut an die Oberfläche, verstand nicht mehr, was er gerade gedacht hatte, und wußte nur, daß er Karin am Morgen zurückrufen mußte. Vielleicht würde er es schaffen, diesmal keine Fehler zu machen, vielleicht würde es mit ihr gelingen.

Dann kam ihm eine Idee, die so stark war, so ungewöhnlich, daß sich auf ihr wohl ein Roman aufbauen ließ, aber er war zu müde, um Licht zu machen und sie zu notieren, und sie erschien ihm so gut, daß er sich noch am nächsten Tag an sie erinnern würde – und doch wußte er schon halb, daß das nie so war und daß alle Einfälle des Halbschlafs nur für den Moment sind und am nächsten Morgen dahin. Er hörte sich noch etwas murmeln, aber er verstand es nicht mehr, denn nun hatte sein schon im Tageslicht nicht eben fest umrissenes Ich sich aufgelöst. In Dunkelheit und Schlaf. Leo Richter hatte endlich aufgehört zu sein.

Daniel Kehlmanns Porträt
von Adam Soboczynski

Wer porträtiert, ist zumeist parasitär. Er trifft eine Person, die von öffentlichem Interesse ist, und indem er über sie schreibt, hofft er, es möge ein Stück der Bedeutsamkeit auch auf ihn abfallen. Sich auf ein Porträt einzulassen ist nicht nur deshalb ein Pakt mit dem Teufel. Der Porträtist hat Macht, da seine Beobachtungen unwiderlegbar sind; gegen die Schlußfolgerungen, die er aus einer wegwerfenden Handbewegung des Porträtierten, seinem geräuschvollen Schneuzen, seinem Wutausbruch zieht, ist letzterer machtlos.

Und unzulänglich ist das Werk, das dabei herauskommt, ohnehin: immer nur ein verfälschtes Abbild, nur die nie ganz gelungene Kopie eines wirklichen Menschen. Schon deshalb, da derjenige, der porträtiert, im Gegenüber nach dem Bruch im Lebenslauf sucht, der zum Erzählanker werden kann: ein Kriegserlebnis; eine große, gescheiterte Liebe; ein Abstiegs- oder ein Aufstiegserlebnis; der Erfolg, der alles veränderte, was vormals war; der Ruhm, der sich einstellte und an dem der Porträtierte zerbrach oder eben nicht. Kein Porträt ist frei von Zurichtung, täuscht aber Gegenteiliges vor, vorzugsweise, indem das «ich» eliminiert ist: Wo das «man» und Passivkonstruktionen dominieren, soll objektiv und uneitel wirken, was subjektiv und eitel ist.

Einfach war es nicht. «Herr Kehlmann hat beschlossen, mit Journalisten derzeit nicht zu sprechen.» Die Pressefrau klang nicht unfreundlich. Ich insistierte: Es würde gewiß nicht lange dauern, ein rascher Kaffee nur an irgendeinem Bahnhof, Herr Kehlmann sei doch oft unterwegs, wegen seiner Lesungen. Dann noch ein eiliges Foto, und Herr Kehlmann müßte nur . . .

Das war vor etwa zwei Jahren, *Die Vermessung der Welt* war noch immer auf der Bestsellerliste und hat sich bis heute insgesamt beinahe zwei Millionen Mal verkauft.

Sie verschränkt die Biographie des seßhaften Mathematikers und Astronomen Carl Friedrich Gauß mit derjenigen Alexander von Humboldts, der zwecks Naturerforschung Lateinamerika bereiste. Zwei deutsche Wissenschaftler in der Blütezeit Weimarer Klassizität. Der eine, Gauß, leidet an den Zumutungen des Alters, am Gefangensein in einem schwachen Körper, der dem reinen Geist eine Frechheit ist. Der andere, Humboldt, leidet auf seinen Reisen unter Flöhen zwischen den Zehen, an ihn begehrenden Frauen, an heftigen Gewittern über dem reißenden Strom Orinoko, den er, durchnäßt bis auf die Knochen, doch stets in preußische Uniform gekleidet, bezwingt.

Der Philosoph Helmuth Plessner schrieb, daß jeder an einem bestimmten Punkt «die Karikatur seiner selbst» wird, da das Innere, das man zur Sprache bringen möchte, an den Grenzen des Körpers und dessen begrenzten Ausdrucksmöglichkeiten bisweilen zerschelle; ein Umstand, der Grundlage aller Komik der Anschauung sei. Den ästhetischen Beweis dieses Gedankens lieferte Daniel Kehlmann in der *Vermessung der Welt*. Und zeigte zudem, daß sich eine ironische Verarbeitung bürgerlichen Bildungsguts, auf das man sich wieder besonnen hatte, unglaublich gut verkaufen läßt.

Ein Porträt des erfolgreichsten deutschsprachigen Autors hätte also gut in das *ZEITMagazin* gepaßt, für das ich es zu schreiben beabsichtigte. Was der Erfolg mit einem mache, wäre natürlich das Thema gewesen. Ob er einen nicht unter fürchterlichen Erwartungsdruck stelle, einen korrumpiere. Überall sah man diese riesigen Stapel in den Buchläden. Ein Vulkan auf dem Buchcover, darüber schwingt sich eine geometrische Figur in den Himmel.

Ich schrieb eine sehr lange E-Mail. Das Treffen müsse ja nicht sofort sein, überhaupt sei ein langfristiges Projekt vorstellbar! Ganz angelegt auf das nächste Buch. Das sei doch bestimmt schon in Vorbereitung. Ich würde von Berlin aus nach Wien, seinem Wohnort, reisen! Feine Dienstreise! Wir könnten einen Spaziergang durch den Ersten Bezirk machen, Schnitzel oder Tafelspitz in Kaffeehäusern auf Kosten meines Magazins essen usw.

Daniel Kehlmann schlug ein Treffen in Kreuzberg vor. Da habe er seinen zweiten Wohnsitz. Monate später war es soweit: In scharfen Kanten legten sich frühsommerliche Schatten auf den Chamissoplatz. Es war Nachmittag. Eine ruhige, beinahe noble Ecke, gründlich gentrifiziert: Väter mit Kinderwagen, Cafés, in denen peinlichstes Rauchverbot herrschte – und das italienische Restaurant Grünfisch. Daniel Kehlmann, leicht verspätet, steuerte eiligen Schrittes auf die rotweiß kariert bespannten Tische zu, die auf dem Trottoir standen, grüßte heiter, entledigte sich einer Lederjakke, setzte sich, blätterte in der Speisekarte, sagte, er sei froh, daß man sich für die Vorplanung eines langwierigen Unternehmens treffe. Nur deshalb habe er, nach reiflicher Überlegung, zugesagt. Zu oft habe er Porträts nach nur einer Begegnung über sich lesen müssen, die notgedrungen Nichtigem eine übergroße, ja symbolische Bedeutung zumaßen: was er während des Treffens gegessen habe zum Beispiel. Und wie.

Daniel Kehlmann aß mit Appetit. Es war Schweinefilet im Parmamantel mit Marsalasoße an gratinierter Polenta gereicht worden. Schmackhaft sei das, sagte er zufrieden und ergänzte, daß ihm geraten worden sei,

derzeit von Presseterminen abzusehen. Freunde sagten, er sei ungut oft in der Zeitung. Jetzt mache er sich also rar. Er habe natürlich immer mit großer Aufmerksamkeit gelesen, was über ihn geschrieben worden sei und noch immer werde. Daß er ein «Wunderkind» sei. Und: ein «Jungstar». Kehlmann runzelte die Stirn, kaute. Dann: Er sei 32! Mit 32 habe, wenn er sich nicht täusche, Jesus seine Bergpredigt gehalten. Er habe noch keinen sagen hören, das sei ein Jungprophet gewesen. Das Wunderkind-Image sei schon deshalb irreführend, da er, Kehlmann, über eine lange Zeit hinweg keineswegs erfolgreich gewesen sei. Er habe in seiner Schriftstellerexistenz durchaus gedarbt. Aber das sehe niemand mehr. Oft habe er deshalb an einen Satz denken müssen, den ihm ein Jahr zuvor in väterlicher Manier Günter Grass auf einer Geburtstagsfeier von Siegfried Lenz gesagt habe: «Jetzt beginnt für Sie die Zeit, wo alle mehr über Sie wissen als Sie selber.»

Im Rückblick könnten wir unseren Lebensweg nur unter dem Anschein «anscheinender Absichtlichkeit» betrachten, ergänzte Kehlmann mit einem Zitat Arthur Schopenhauers. Im Rückblick erscheine nichts zufällig, sondern stringent. Dabei hätte seine Karriere sich so fortsetzen können, wie sie einst begann.

Sein erstes Buch, der Roman *Beerholms Vorstellung*, war in dem kleinen Wiener Verlag Deuticke erschienen.

Kehlmann war 22 Jahre alt und hatte die Geschichte eines Zauberers, dem Täuschung und Wahrheit in eins verschwimmen, geschrieben. Verkauft hat es sich kaum. Sein zweites Buch *Unter der Sonne*, ein Erzählband, so gut wie gar nicht. Doch haben die Bücher Thorsten Ahrend gefallen, seinerzeit Lektor beim Suhrkamp Verlag, und bald darauf erblickte Kehlmann die ebenmäßige, aber erstaunlich kleine Unterschrift Siegfried Unselds unter einem Vertrag zu seinem neuen Buch *Mahlers Zeit*. Vom Größenwahn handelt es, von einem Physiker, der das Geheimnis der Zeit gelüftet zu haben behauptet und von dem man nicht weiß, ob eine Erleuchtung ihn ergriffen hat oder geistige Zerrüttung. Dank Suhrkamp gab es immerhin Lesungen: «Leere Bibliotheksräume, leere Literaturhäuser, leere Buchhandlungen.» Der Blick des Dichters auf Stühle, auf denen niemand saß, von Veranstaltern per Handy hektisch herbeizitierte Verwandte, die mit kaum verhohlener Ungeduld seinen Vortrag absaßen.

Mahlers Zeit war ein erstaunlicher Mißerfolg. Erstaunlich, da vor neun Jahren, als der Roman erschien, junge Autoren und Debütanten heftig gefeiert wurden und enorme Honorare einstrichen. Kehlmanns Romane, die den Grenzbereich zwischen Wirklichkeit und Traum abschreiten, die den Wahnsinn der Genies und philosophische Paradoxien umkreisen, fielen aus der Zeit. Diese gehörte der Popliteratur, die sich der Oberfläche des Konsums zugewandt hatte, dem dekadenten Plauderton in Bars von Berlin-Mitte. Kehlmann war unter seinen Kollegen ein Nerd inmitten von Stars, traurig hoch gebildet, enorm belesen, ausgestattet mit einem Literatur- und Philosophiestudium, einer abgebrochenen Promotion über Kant und drei Büchern, die keine Leser fanden.

Noch ein Versuch: *Der fernste Ort.* Eines von Kehlmanns waghalsigsten Büchern, es erzählt vom Leben des Versicherungsangestellten Julian, der auf den ersten Seiten einen Schwimmunfall erleidet und von dem man an keiner weiteren Stelle dieser Novelle recht weiß, ob er noch lebendig ist oder als Gespenst existiert. Der Band lag eine Weile in wenig frequentierten Nischen von Buchhandlungen herum, bis er verschwand, als wäre er nie geschrieben worden. Es habe damals Tage gegeben, da habe er, sagte Kehlmann lachend, nicht gut einschlafen können.

Die Teller wurden abgeräumt, und Daniel Kehlmann bestellte einen Espresso zur Abrundung des Mittagessens. Dann nickte er, lächelte freundlich, höflich auf Fragen wartend. Überhaupt muß man sich Daniel Kehlmann als wohlerzogenen Menschen vorstellen, ohne Hang zum großen Auftritt, unprätentiös, beinahe etwas scheu, von bisweilen langarmiger Unbeholfenheit in seinen Gesten, was auf angenehme Weise unperfekt wirkt, unverstellt. Im Gespräch eher suchend, sich herantastend, frei von polternden Gewißheiten. Und der zur großen Lebhaftigkeit erst neigt, wenn ihm ein Wort einfällt, das ihn begeistert, ein Satz, der ihm gefällt.

Einmal während unserer Begegnungen sinnierte er lange über das Wort «ungut», weshalb es sich weitaus komischer anhöre als das Wort «schlecht». Ein andermal über einen Satz, den ihm auf einer Veranstaltung der vor einem Jahr verstorbene amerikanische Schriftsteller Norman Mailer gesagt hatte. Die beiden Autoren sprachen über den lakonischen Stil der Gegenwartsliteratur, die jede Bedeutungsschwere zwischen den Zeilen verstecke, was angeblich so eine große Kunst sei, über die allseits vorherrschenden Alltagsbeobachtungen in kurzen Sätzen nach dem Vorbild Hemingways und Raymond Carvers. Die Literatur werde dominiert von deren schlechten Nachahmern, habe Mailer Kehlmann gesagt und mißlaunig ergänzt: *«People make too much of a simple style»* – die Leute überschätzten die Einfachheit.

In Kreuzberg aber waren es Gedanken über den «Erfolg», die Kehlmann bannten. Der Erfolg, der die Vergangenheit umschreibe, sie weichzeichne als notwendiges Vorstadium zum großen Durchbruch, den er erlebte. Und zwar nicht nur im Guten: «Das Klischee besagt, daß Mißerfolg bescheiden macht und Erfolg großkotzig.» Doch das Gegenteil sei wahr. Mißerfolg mache bitter, unangenehm, arrogant, klug und aufmerksam. Erfolg hingegen mild und versöhnlich, mit ihm sei die Eitelkeit gestillt, die Wut, doch leider auch der Ehrgeiz.

Ende 2004 hat Daniel Kehlmann *Die Vermessung der Welt* abgeschlossen. «Und seither, seit nunmehr also zweieinhalb Jahren, habe ich die meiste Zeit nichts geschrieben, was ich als gelungen erachten würde.» Doch noch habe er die Nerven nicht verloren und nicht das Grundvertrauen ins Schreiben. Seit einigen Tagen denke er sogar, daß Passagen wieder gelingen, Erzählfäden sich fortspinnen zu etwas Neuem, zu etwas Großem.

Ob er schon wisse, wie das neue Buch heißen könnte, wollte ich wissen. Mit dem Titel beginne doch häufig alles. Widerwillig blickte Kehlmann von der Tischdecke auf, sagte: «Ruhm.»

Das erste Buch, mit dem sich Daniel Kehlmann auf dem Markt etablieren konnte, war *Ich und Kaminski*, 2003, also zwei Jahre vor der *Vermessung der Welt*, erschienen. *Ich und Kaminski* war in der Literatursendung Elke Heidenreichs vom Gast Marcel Reich-Ranicki lebhaft gelobt worden, was sich verkaufsfördernd auswirkte. Sebastian Zöllner heißt darin der Journalist, der dem alten Maler Manuel Kaminski für eine Biographie noch die zartesten Geheimnisse des Lebens zu entreißen sucht. Eine Grundsituation, die Kehlmann, perspektivisch gewendet, in einer Erzählung erneut aufgegriffen hat. Sie heißt *Leo Richters Porträt*, Kehlmann hat sie für mein Magazin verfaßt, worin sie meinem Porträt über ihn vorangestellt war – ganz wie in diesem Buch. *Leo Richters Porträt* beginnt folgendermaßen: «Ein Magazin wollte ein Porträt über Leo Richter veröffentlichen: acht Seiten, zwei große Fotos, vielleicht sogar sein Bild auf dem Cover. Ohne zu zögern, sagte er zu, und sofort bereute er es.»

Leo Richter ist Schriftsteller, ein Protagonist aus Daniel Kehlmanns Buch *Ruhm*. Entstanden war die Idee zu diesem Projekt in einem Wiener Kaffeehaus, im Café Eiles im Bezirk Josefstadt, in dem wir uns für eine zweite Begegnung zum Tafelspitz verabredet hatten.

Der alte Kellner hatte einen bereits leicht zitternden Gang, und doch wirkte er nicht unsouverän. Er trug, nur leicht gebückt, auf einem Tablett immerhin mehrere Flaschen und Tassen durch den stark verrauchten Saal, vorbei an Stühlen, Tischen, Sitzecken, die von recht betagten Besuchern bevölkert waren. Herren, deren Hosenträger spannten, blätterten mit befeuchteten Zeigefingern und großer Ernsthaftigkeit durch Zeitungen, eine alte Dame mit violett gefärbtem hochgestecktem

Haar führte ein leises, aber zorniges Selbstgespräch. Kehlmanns Hund Nuschki, ein kleiner Mischling, beschnupperte knurrend den Hosensaum des Kellners, der mit unbewegter Miene sehr langsam Limonade und Kaffee auf dem kleinen Tisch abstellte, bis er sich mit kleinen Schritten, die eine hohe Geschwindigkeit vortäuschten, wieder anderen Gästen zuwandte.

Den Hund, sagte Kehlmann, habe er mitgebracht, da er sich womöglich gut für dieses Porträt eigne. Immer diese Trinkerei und Esserei, da belebe ein Hund die Szenerie. Er habe Nuschki, dieses Waisenkind, in Spanien aufgefunden. Spanien? Ja, da sei er ab und an. Aus privaten Gründen. Das aber habe in diesem Porträt nichts zu suchen, man dürfe ja nicht alles in der Öffentlichkeit ausbreiten. Auf den Hund komme es an.

Er knurrte jetzt leise. Es war der Januar 2008, und Kehlmann war sehr heiterer Stimmung, der Roman gedeihe, sagte er, sei bald fertig, und er gefalle ihm. Und wie es verabredet war, erzählte Kehlmann, der einen Regisseur als Vater hatte und dessen Mutter Schauspielerin ist, ausführlich von seiner Herkunft, dem großbürgerlichen Künstlerhaushalt, in den er hineingeboren wurde.

Daniel Kehlmanns Großvater väterlicherseits, Eduard Kehlmann, ein getaufter Jude, war höherer Beamter, arbeitete für das Post- und Telegrafenwesen Wiens und schrieb nebenher zwei erfolglose expressionistische Romane, die die wundersamen Titel *Von Pauli bis Palmarum* und *Der Roman des Herrn Franziskus Höndl* tragen. Durch Bestechung und Dokumentenfälschung überlebte die Familie die nationalsozialistische Herrschaft, es war ihnen gelungen, sich als Halbjuden deklarieren zu lassen. Daniel Kehlmanns Vater, der 1927 geborene Regisseur Michael Kehlmann, hatte seinem Sohn vom damals offen ausgelebten Antisemitismus der Nachbarn erzählt, die – so klischeehaft, daß es als Szene in keinem Film taugen würde – ihre Köpfe über die Gartenmauer schoben, um «Jud» zu zischen. Michael Kehlmann verkehrte in Kreisen des österreichischen Widerstandes, und während eines abendlichen Treffens, das aufgeflogen war, wurde er verhaftet und ins Lager Maria Lanzendorf gebracht, ein Nebenlager des KZs Mauthausen, das er kurz vor Ende des Krieges mit Hilfe von Bestechungsgeldern der Familie verlassen konnte.

Ganz selten, erinnert sich der Sohn, habe der Vater über diese Zeit gesprochen, aber mit den Wiener Erlebnissen begründet, weshalb er nach Deutschland zog, um für das Fernsehen zu arbeiten.

Leider, sagte Daniel Kehlmann, habe sein Vater den Erfolg der *Vermessung* nicht mehr recht mitbekommen, die letzten Jahre seines Lebens sei er demenzkrank gewesen und im Dezember 2005 verstorben. Über ihn hatte Daniel Kehlmann zur Literatur gefunden: Oft saß der Vater vor Drehbüchern, die er dem Sohn mit lauter Stimme vorlas. Ein warmherziger und raumgreifender Mann sei er gewesen, der öffentliche Auftritte liebte, der sich nicht scheute, lauthals im Restaurant ein Gericht dem Kellner zurückzureichen, wenn es nicht schmeckte. In mancher Hinsicht sei er, Daniel Kehlmann, das genaue Gegenstück zu ihm. Er reagiere stark auf Peinlichkeiten; Lesungen oder Preisreden kosteten ihn einige Überwindung.

1981 zog die Familie nach Wien, da Michael Kehlmann das Theater in der Josefstadt leiten sollte. Dazu, sagt der Sohn, sei es aufgrund ausgedehnter und häßlicher Intrigen dann doch nicht gekommen, und obgleich dem Vater ein bereits unterschriebener Vertrag vorgelegen habe, sei er zur Aufgabe seiner Ansprüche gedrängt worden.

Einst war Michael Kehlmann ein gefeierter Regisseur gewesen, der mit der Verfilmung von Joseph Roths Roman *Radetzkymarsch* international berühmt wurde, doch weder das Theater war ihm noch ein Zuhause – als Verfechter werktreuer Inszenierungen galt er als gestrig – noch das Fernsehen, da er sich auf die Gattung des anspruchsvollen Fernsehspiels spezialisiert hatte, auf die Verfilmung von Gegenwartsdramatik. Diese Gattung aber war weitestgehend ausgestorben.

Er habe, sagt Daniel Kehlmann, am Beispiel seines Vaters gesehen, wie Erfolg abklingen könne, wenn der Zeitgeist sich entferne von einem. Dann schimpfte Daniel Kehlmann noch auf Wien, auf Österreich, die Verkommenheit dieses Landes, die enorm verbreitete Hinterhältigkeit und Provinzialität, und es sei ihm völlig egal, daß dieses Schimpfen klischeehafte Züge trage und seit alters sozusagen eine Spezialität in Österreich beheimateter Schriftsteller sei. Naturgemäß, sagte Kehlmann, habe sich die *Vermessung der Welt* in Österreich längst nicht so blendend verkauft wie in anderen Ländern.

(Fünf Monate später, das sei vorausgreifend in Klammern erzählt, war Fußball-Europameisterschaft. Wieder saß man essend in einem Restaurant, diesmal in Berlin-Mitte, und ich schlug vor, auf der Suche nach passenden Szenen für das Porträt sich doch das Spiel Österreich gegen Deutschland anzuschauen. Da habe er gewiß Bemerkungen zu machen, die zitierwürdig sein dürften. Kurz darauf saßen wir in der Kuppel des alten Postfuhramts in der Oranienburger Straße, die einen Club beherbergte, der unter einem mächtigen Gewölbe auf Leinwänden die Spiele zeigte. Es war überfüllt, fahnenschwingende Menschen, aufgeregtes Trinken aus Bierflaschen. Als Deutschland in einem bestürzend langweiligen Spiel ein Tor schoß und damit gewann,

sagte Kehlmann: «Das reicht nicht! Wenn Österreich nur 1:0 verliert, werden sie das noch Jahre später als Sieg begreifen!» Dann, nach einer Pause: «Schreiben Sie das bitte auf.» Nach Abpfiff kam Alexander Osang auf Kehlmann zu, Starreporter des *Spiegels*, zufällig auch hier, er deutete eine Verbeugung an, drückte Kehlmann die Hand. So auch andere Journalisten, die, so schien es, in Osangs Gefolgschaft das Spiel verfolgt hatten.)

Der Abend in Wien endete mit obergärigem Bier in einer Gaststätte, die von einer sehr dunklen Holzvertäfelung dominiert wurde. Kehlmann stellte mir zwei seiner Freunde vor, die er schon seit Studienzeiten kennt und die, ihm nicht unähnlich, sehr höflich und von heiterem Wesen waren. Der eine arbeitet für das österreichische Normungsamt, das Vermessungen verwaltet, der andere ist Programmierer geworden. Kehlmanns Freunde ... Stimmen von Wegbegleitern könnten womöglich Anekdoten liefern, um das, was seine Persönlichkeit ausmacht, zu verdichten.

Die erste Frage war naheliegend: Wie sich Daniel Kehlmann verändert habe mit dem Erfolg. Der Programmierer blickte ratlos in die Runde, sagte: «Gar nicht.» Der Vermesser lachte, da müsse er passen.

Zweiter Versuch: Ob ihnen, den langjährigen Freunden, eine Anekdote zu Kehlmann einfalle, die ihnen besonders prägnant im Gedächtnis haftengeblieben sei.

Die Freunde beratschlagten und überlegten, der Programmierer sagte: «Nein.»

Der Vermesser erzählte, er sei einst mit Daniel Kehlmann spontan zum Wandern hinausgefahren, zu einem nahe gelegenen Berg. Sie hätten den Weg nicht gleich gefunden und an einem Bauernhof angehalten. Der Bauer stand am Wegesrand, Kehlmann öffnete das Autofenster und erkundigte sich. Dem Bauern, als er antworten wollte, sei just in diesem Moment eine Fliege in den Mund geflogen.

Am nächsten Tag suchte ich Kehlmann in seiner Wohnung im Ersten Bezirk auf. Daniel Kehlmann wohnt in einem ungewöhnlichen Haus in der Wiener Innenstadt, einem zwölfstöckigen Neusachlichkeitsbau der dreißiger Jahre. Die Wohnung karg und klar eingerichtet, das Arbeitszimmer ganz auf den großen Computer ausgerichtet. Das sei das Wesen von Freundschaft, sagte Kehlmann, sich erinnernd an den Vorabend, daß sie so schlecht erzählbar sei. Da ihr Selbstverständliches anhafte. Er hielt eine Tasse Tee in der Hand, den Einfluß des Obergärigen auskurierend. Nuschki rannte derweil aufgeregt im Flur umher, in dem sich Kartons stapelten. Sehr viele sehr große Kartons, ein mächtiger Anblick, hohe Türme.

Was darin verborgen sei, fragte ich scherzend. Ja, sagte Kehlmann, mit jeder neuen Auflage der *Vermes-*

sung erhalte er vom Verlag eine Lieferung seiner Pflichtexemplare. Er wisse auch nicht recht, wohin damit.

Das werde eine gewagte Rede, die er am Augsburger Theater zu halten beabsichtige, schrieb Daniel Kehlmann einige Monate später in einer E-Mail. Für Ende Juli sei er vom Dramatiker Albert Ostermaier, dem Organisator des Festivals «Augsburg Brecht Connected», eingeladen worden.

Eine ambitionierte Veranstaltung, Herbert Grönemeyer werde per Videoübertragung Brecht singen. Unzählige Lesungen und Diskussionsrunden. Eine Spoken-word-Performance einer eigens nach Augsburg eingeflogenen Amerikanerin werde zu bestaunen sein. Politiker würden Grußworte sprechen. Und er, Kehlmann, die Eröffnungsrede halten. Er müsse es machen, er habe zugesagt. An sich ja unangenehm, ganz grundsätzlich, diese Kulturveranstaltungen. Zeit fräßen die, eine sehr deutsche Angelegenheit sei dieses staatlich subventionierte «Anwesenheitsprinzip», dem sich Schriftsteller fügen müßten.

Die Grußworte. Dr. Kurt Gribl, Oberbürgermeister der Stadt Augsburg, blinzelte in die gefüllten Ränge, sagte in die Stille hinein, während er seine Arme ausbreitete, Augsburg sei ein Hort der Kultur, Brecht, Sohn der Stadt, ein touristischer Anziehungspunkt ersten Ranges. Albert Ostermaier, Dichter und Organisator,

ein großgewachsener Mann von existentialistischer Ha-
gerkeit, sprach gerührt von seiner aufopferungsvollen
Arbeit in Augsburg, die er, da er sich so verausgabt habe,
zwischenzeitlich gar mit einem Krankenhausaufenthalt
habe bezahlen müssen. Ein Ringen um Leben und Tod!
Jetzt aber sei er hier! Gerade rechtzeitig! Für Augsburg!
Für Brecht! Für das Theater! Grünen-Politikerin Claudia Roth verlas ein Grußwort von Dr. Theo Zwanziger,
Präsident des Deutschen Fußball-Bundes, der selbst zu
kommen verhindert war, aber ausrichten ließ, daß es
lustige Parallelen zwischen Fußball, dem Spiel auf dem
Rasen, und Brecht, dem Spiel auf der Bühne, gebe.

Dann, eine Stunde war bereits vergangen, die Eröffnungsrede. Daniel Kehlmann trat im schwarzen Anzug
auf die Bühne, blickte ernst und selbstbewußt ins Publikum, sagte mit fester Stimme, Brecht habe, er wolle es
in Erinnerung rufen, dem Massenmörder Stalin gehul-
digt. Und welches Glück wir doch alle hätten, daß die
Welt nicht so geworden sei, wie er sie sich gewünscht
habe, denn die seine würde keine freien Wahlen kennen und keine Meinungsfreiheit. Brecht sei nicht – eine
unverhohlene Anspielung auf die Veranstaltung – das
literarische Äquivalent zum Che-Guevara-Shirt. Warum stecke eigentlich, fragte er eindringlich ins Publikum hinein, bis heute so wenig Glorie darin, Anhänger
der Demokratie zu sein?

Stürmischer, lang anhaltender Applaus. Ovationen. Albert Ostermaier stand von seinem Sitz in der ersten Reihe auf, wandte sich zum Publikum und strahlte, allerheftigst klatschend, in die Ränge, eine junge Frau eilte auf die Bühne und reichte Kehlmann einen knolligen Blumenstrauß. In der bald darauf folgenden Pause versammelte sich eine Traube von Theaterleuten und Zuschauern um Kehlmann. Kehlmann signierte Bücher, nahm von allen Seiten Glückwünsche zur Rede entgegen. Und eher zu sich selbst, wie im ironischen Scherz, nämlich recht fröhlich, sagte er, daß in der Kulturwelt niemand mehr irritiert werde und kein Skandal mehr möglich sei. Allgemeine Heiterkeit. Jemand umfaßte seinen Oberarm, ein älterer Herr mit lauter Stimme. Er sei Augsburger! Und ein Bewunderer Brechts! Und ein Bewunderer Kehlmanns! Eine wunderbare Rede! Ob er sich vorstellen dürfe usw.

Mittlerweile hatte Daniel Kehlmann sein Buch *Ruhm* abgeschlossen. *Ein Roman in neun Geschichten* heißt es im Untertitel. Neun in sich geschlossene Geschichten, die doch miteinander verzahnt sind: Der Schriftsteller Leo Richter hält auf Auslandsreisen seine ihm peinvollen Lesungen ab. In einer anderen Geschichte rückt eine seiner literarischen Figuren ins Zentrum. Sie diskutiert lebhaft mit ihrem Schöpfer Leo Richter und wünscht sich einen anderen Handlungsverlauf. Es spukt in diesem Buch, selten nur wissen die Protagonisten, in welcher Wirklichkeit sie sich eigentlich befinden, doch sie ahnen, sie überschreiten beständig Schwellen, sie sind mal Erzählergott, dann wieder drohen sie in die Haut einer geknechteten Marionette zu fahren, einer literarischen Figur.

Daniel Kehlmann hat oft darüber gesprochen, daß er kein rechter Freund der deutschen Nachkriegsliteratur sei, sie habe stets gependelt zwischen sozialem Engagement und Lautpoesie. Er indes wolle nicht die Syntax brechen, sondern die Wirklichkeit, wie die Erzähler Südamerikas, wie Borges oder García Márquez, die an Kafka anknüpften und die Grenzen zwischen Tages- und Nachtwirklichkeit auflösten.

Ruhm ist eine unterhaltsame Fantasie über Struktur, ein Buch, das durch unerwartete Zusammenhänge eine Gesamtkomposition enthüllt und eine Welt, die fragil ist wie der Ruhm, von dem es handelt. Ein Schauspieler, weltberühmt, wird eines Tages von seinem Publikum nicht mehr erkannt, eine Schriftstellerin verschwindet in den Weiten Asiens. Letztlich sind dies Glücksmomente. Glück blitzt an Stellen in den Werken Daniel Kehlmanns und Leo Richters auf, wenn ihre Figuren mit all ihrem unstillbaren Begehren sich auflösen.

«Dieser Ehrgeiz überall, dieser Kampf, dieser Gestank nach Ehrgeiz!» heißt es in *Mahlers Zeit*. «Man sollte rechtzeitig aufgeben. Darauf kommt alles an: rechtzeitig aufzugeben.» Der von Geltungssucht getriebene Reporter Sebastian Zöllner aus *Ich und Kaminski* blickt, nach den heftigsten Schicksalsschlägen, am Ende der Geschichte aufs Meer hinaus: «Der Himmel war niedrig und weit, allmählich löschten die Wellen meine Spuren aus. Die Flut kam.»

Daniel Kehlmann sagte während unserer ersten Begegnung im Kreuzberger Restaurant Grünfisch, daß Ruhm nur dann erträglich sei, wenn er, wie Mißerfolg, mit Gleichmut behandelt werde. Vielleicht ist dies das heimliche Zentrum seines neuen Buchs. Und damit, so absurd es klingt, wäre ein funkelndes, ein wunderbar verspieltes Alterswerk gelungen, das sich über die Gier der Jugend erhebt und das vom Kampf gegen die Angst handelt, nur die Spielfigur im parasitären Blick eines anderen zu sein. Die Geliebte von Leo Richter fleht ihn, den Autor, an: «Mach dir kein Bild von mir. Steck mich nicht in eine Geschichte.» – «Aber das wärst ohnehin nicht du», erwidert dieser. «Doch. Auch wenn es nicht ich bin, bin es ich. Das weißt du genau.»

Die Autoren

Der Illustrator
Die Fotografin

Adam Soboczynski wurde 1975 in Torun/Polen geboren. Er studierte Germanistik und Philosophie in Bonn, Berkeley und St. Andrews. 2005 promovierte er über Heinrich von Kleist. Seit 2007 ist er Redakteur der ZEIT. Er erhielt den Axel-Springer-Journalistenpreis und den Deutsch-Polnischen Journalistenpreis. 2007 erschien sein Buch «Polski Tango», 2009 «Die schonende Abwehr verliebter Frauen oder Die Kunst der Verstellung».

Nach einem Studium am Art Center College of Design in Pasadena zog Frank Stockton nach New York, wo er noch heute lebt und arbeitet. Er gilt als einer der renommiertesten Illustratoren der Gegenwart. Zu seinen Kunden gehören Magazine wie Esquire, The New Yorker, GQ und Penthouse.

Heji Shin, geboren 1976 in Seoul/Südkorea, lebt heute in Berlin. Vor allem im redaktionellen Bereich hat sie sich einen Namen als Porträt- und Modefotografin gemacht. Ihre Arbeiten erscheinen unter anderem in brand eins, 032c, SZ-Magazin und dem ZEITmagazin.

www.heji-shin.com

daniel
kehlmann

ruhm

Ein Roman in neun Geschichten
Rowohlt
Gebunden
978-3-498-03543-3

Ein Schriftsteller mit der unheilvollen Neigung, Menschen, die ihm nahestehen, zu Literatur zu machen, ein verwirrter Internetblogger, ein Abteilungsleiter mit Doppelleben, ein berühmter Schauspieler, der lieber unbekannt wäre, eine alte Dame auf der Reise in den Tod: Ihre Wege kreuzen sich in einem Geflecht von Episoden zwischen Wirklichkeit und Schein. Ein Spiegelkabinett voll unvorhersehbarer Wendungen – komisch, tiefgründig und elegant erzählt vom Autor der «Vermessung der Welt».

«Ein Buch von funkelnder Intelligenz.» FAZ

«Ruhm strotzt vor Raffinement. Daniel Kehlmann scheint alles zu können.» NZZ

«Daniel Kehlmann hat mit seinem neuen Roman Weltliteratur geschaffen.» Die Weltwoche

«Ein literarisches Bravourstück ...» Die Welt

«Das Buch ist eine Wucht – virtuos und witzig geschrieben. Jede einzelne der neun Geschichten ein Diamant.» ZDF heute journal